Mit englischem und deutschem Text

Englisch lernen mit der Bildermaus

Geschichten aus der Schule

Text von Werner Färber
Illustrationen von Claudia Fries
Übersetzung von Gertraud Fuchs

Loewe

Bibliografische Information Der Deutschen Bibliothek
Die Deutsche Bibliothek verzeichnet diese Publikation
in der Deutschen Nationalbibliografie;
detaillierte bibliografische Daten sind im Internet
über *http://dnb.ddb.de* abrufbar.

Mehr über den Autor unter
www.wernerfaerber.de

Der Umwelt zuliebe ist dieses Buch
auf chlorfrei gebleichtem Papier gedruckt.

ISBN 3-7855-4892-3 – 1. Auflage 2003

Umschlagillustration: Claudia Fries
Reihenlogo: Angelika Stubner
Umschlaggestaltung: Andreas Henze

www.loewe-verlag.de

Inhalt/Contents

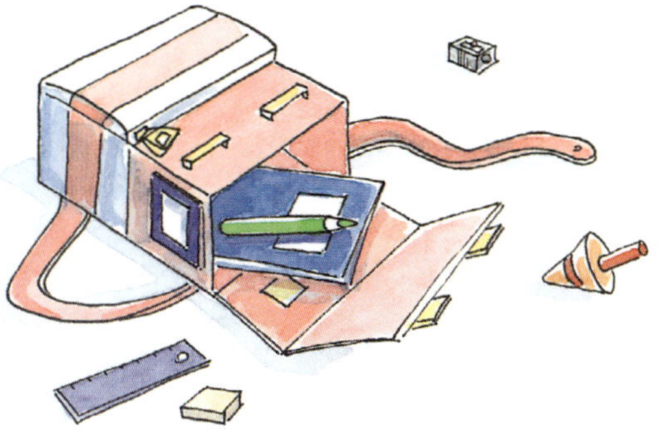

Der erste Schultag

Gespannt sitzen die  auf ihren  .

Jedes  hat eine bunte  und

eine neue  . Da ist alles drin,

was man in der  braucht.

Die  schauen zur  .

Wer wird ihre  sein?

	Kinder	**children**		Schultasche	**schoolbag**
	Stühle	**chairs**		Schule	**school**
	Kind	**child**		Tür	**door**
	Schultüte	**sugar bag**		Lehrerin	**teacher**

The first day at school

The  sit on their  excitedly.

Every  has got a coloured  and

a new . Inside is everything

you need at 

.

The  look at the .

Who will be their ?

Plötzlich geht die  auf. Die 

kommt herein. „Hallo,  !“, sagt die  .

Sie ist nicht sehr groß. Sie trägt einen

bunten  und hält eine  in der 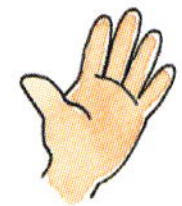 .

Sie trägt eine  und sieht fröhlich aus.

„Ich bin eure  . Wollt ihr raten,

wie ich heiße?“, fragt sie.

Die  rufen: „Ja!“

	Lehrerin	**teacher**	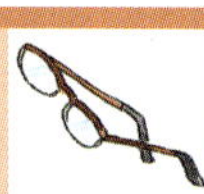	Brille	**glasses**
	Rucksack	**rucksack**	Let's talk!	Guten Morgen, Kinder!	**Good morning, children!**
	Gitarre	**guitar**	Let's talk!	Wie heißt du?	**What's your name?**
	Hand	**hand**	Let's talk!	Ich heiße Tim.	**My name is Tim.**

Suddenly the  opens. The  comes in.

“Hello, !” the  says. She isn’t very tall.

She is carrying a coloured 

and holding a  in her 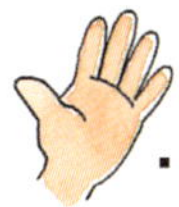.

She wears  and she looks cheerful.

“I am your . Do you want to guess

my name?” she asks. The  shout: “Yes!”

Die lustige  nimmt eine 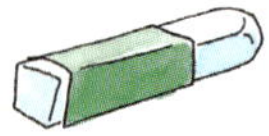 und

malt einen großen  an die 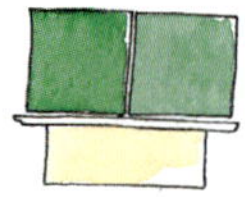.

„Heißt du vielleicht ?“, fragt Ines.

„Nein“, sagt die lustige  und malt weiter.

Zwei kleine  für die ,

ein schmales  für die  und

einen großen, lustigen .

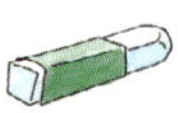	Kreide	**chalk**		Augen	**eyes**
	Kreis	**circle**		Dreieck	**triangle**
	Tafel	**blackboard**		Nase	**nose**
	Fußball	**football**		Mund	**mouth**

The funny  takes a piece of 

and draws a big  on the 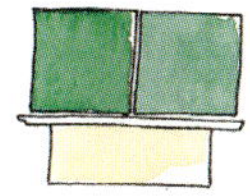.

“Is your name ?” Ines asks.

“No,” the funny  says

and she continues drawing.

She draws two little 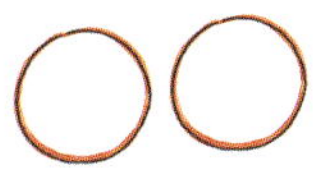 for the ,

a small  for the  and a big funny .

„Heißt du  ?“, fragt Anusch.

Die lustige  schüttelt den 

und lacht.

„Frau Lustig“, schlägt Max vor.

„Fast, gleich habt ihr es!“,

ruft die lustige .

„Heißt du vielleicht Frau Fröhlich?“,

fragt Kathi.

	Strich-männchen	**matchstick man**	Let's talk!	Das ist Kathi.	**This is Kathi.**
	Lehrerin	**teacher**	Let's talk!	Wie alt bist du?	**How old are you?**
	Kopf	**head**	Let's talk!	Ich bin acht Jahre alt.	**I'm eight years old.**
Let's talk!	Mein Name ist Max.	**My name is Max.**			

“Is your name  ?” Anusch asks.

The funny  shakes her 

and smiles.

“Mrs Funny,” Max suggests.

“You almost got it!” the funny  shouts.

“Is your name Mrs Jolly?” Kathi asks.

„Gut geraten“, sagt Frau Fröhlich.

Dann nimmt sie ihre 

und spielt den  ein Lied vor.

Die sind froh, dass sie so eine

lustige  haben.

	Gitarre	**guitar**	Let's talk!	Das ist ... ... die Tafel.	**This is ...** **... the blackboard.**
	Kinder	**children**		... das Pult. ... die Wand.	**... the desk.** **... the wall.**
Let's talk!	Das ist unser Klassen-zimmer.	**This is our classroom.**	Let's talk!	Das ist ... ... ein Fenster. ... der Boden.	**This is ...** **... a window.** **... the floor.**

“That’s right!” Mrs Jolly says.

Then she takes her 

and plays a song to the  .

They are glad to have

such a funny  .

Wie ein Zoo

„Wer kann morgen einen  mitbringen?“, fragt die lustige . „Ich!“, rufen drei  auf einmal. „Na gut, dann haben wir eben drei “, sagt Frau Fröhlich. „Ich habe weiße . Darf ich die auch mitbringen?“, fragt Anna.

	Hamster	**hamster**	Let's talk!	Hast du einen Hund?	**Have you got a dog?**
	Mäuse	**mice**	Let's talk!	Nein, ich habe eine Katze.	**No, I have got a cat.**
Let's talk!	Komm, wir gehen in den Zoo!	**Let's go to the zoo!**	Let's talk!	Magst du Ponys?	**Do you like ponies?**
			Let's talk!	Ich mag Vögel.	**I like birds.**

Like a zoo

"Who can bring a  tomorrow?" the funny  asks. "I can!" three  shout at the same time. "All right, then we will have three ," Mrs Jolly says.

"I have got white . May I bring them, too?" Anna asks.

„Wenn du willst“, antwortet die  .

„Ich möchte mein  mitbringen!“, ruft Simone.

„Dann will ich aber auch was mitbringen“,

ruft Kordian.

„Was denn?“, fragt die lustige  .

„Meine  “, antwortet Kordian.

„Bringt mit, was ihr wollt. Wenn es nur

vier  hat“, sagt die  .

	Lehrerin	**teacher**
	Kaninchen	**rabbit**
	Katze	**cat**
	Beine	**legs**

Let's talk!

Zähle bis 10!	**Count to 10!**
1	**one**
2	**two**
3	**three**
4	**four**
5	**five**
6	**six**
7	**seven**
8	**eight**
9	**nine**
10	**ten**

"If you like," the  answers.

"I want to bring my !" Simone shouts.

"I want to bring something, too!" Kordian shouts. "What do you want to bring?" the funny  asks.

"My ," Kordian answers.

"Bring whatever you like. As long as it has four ," the  says.

„Gelten  auch?“, fragt Melanie.

Frau Fröhlich ist einverstanden.

Oliver kratzt sich nachdenklich am .

„Was ist, Oliver?“, fragt die lustige .

„Ich weiß nicht, ob ich Benny mitbringen kann.

Er ist ziemlich groß“, sagt Oliver.

„Ich hoffe, er wird durch die  passen“,

sagt die lustige . Oliver nickt.

	Flossen	**fins**	Let's talk!	Ist die Maus groß?	**Is the mouse big?**
	Kopf	**head**	Let's talk!	Nein, sie ist klein.	**No, it is small.**
	Lehrerin	**teacher**	Let's talk!	Der Hund ist größer als die Maus.	**The dog is bigger than the mouse.**
	Tür	**door**			

“Are  allowed, too?” Melanie asks.

Mrs Jolly agrees.

Oliver scratches his  thoughtfully.

“What’s the matter, Oliver?” the funny  asks.

“I don’t know if I can bring Benny.

He is rather big,” Oliver says.

“I hope he fits through the ,”

the funny  says. Oliver nods.

Tags darauf schlägt die lustige 

lachend die 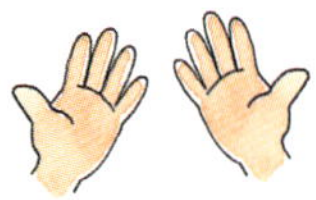 zusammen.

Die  haben drei  und vier weiße 

mitgebracht. Kordian hat seine  dabei.

Melanie hat ihren  in einer großen 

mitgebracht. Eine  spaziert

langsam auf der 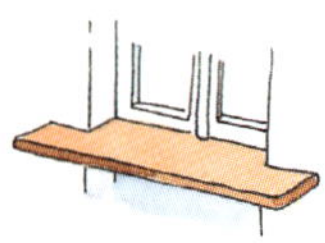.

„Wo ist Oliver?“, fragt Frau Fröhlich.

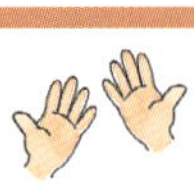	Hände	**hands**	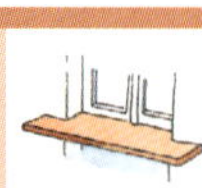	Fensterbank	**windowsill**
	Goldfisch	**goldfish**	Let's talk!	Wo ist der Goldfisch?	**Where is the goldfish?**
	Vase	**vase**	Let's talk!	Der Goldfisch ist in der Vase.	**The goldfish is in the vase.**
	Schildkröte	**tortoise**	Let's talk!	Wo ist meine Schultasche?	**Where is my schoolbag?**

The next day the funny  claps

her 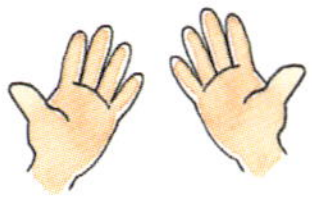 and laughs.

The  have brought: three ,

and four white , and Kordian's .

And there is Melanie's  in a big .

A  walks slowly along the 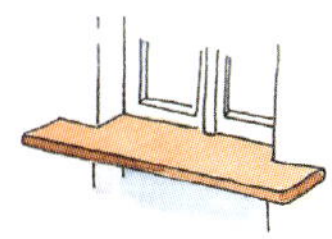.

"Where is Oliver?" Mrs Jolly asks.

Die  wissen es nicht.

Jemand klopft an die  .

„Wir sind leider zu spät“, sagt Oliver.

„Aber Benny hat

auf dem  getrödelt.“

„Jetzt bin ich aber gespannt

auf deinen Benny“, sagt die lustige  .

	Kinder	**children**	Let's talk!	Ich habe zwei Arme.	**I have two arms.**
	Tür	**door**	Let's talk!	Wie viele Beine hat eine Katze?	**How many legs does a cat have?**
	Weg	**way**	Let's talk!	Sie hat vier Beine.	**It has four legs.**
	Lehrerin	**teacher**			

But the  don’t know.

Somebody knocks at the  .

“Sorry, we’re late,” Oliver says.

“But Benny dawdled on the  .”

“I can’t wait to see Benny,”

the funny  says.

„Er hat vier 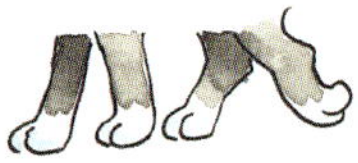 und passt

durch die “, sagt Oliver.

„Mit einem  habe ich nun wirklich

nicht gerechnet!“, sagt die lustige 

und lacht.

	Beine	**legs**	Let's talk!	Der Esel ist grau.	**The donkey is grey.**
	Esel	**donkey**	Let's talk!	Meine Augen sind blau.	**My eyes are blue.**
Let's talk!	Welche Farbe hat der Esel?	**What colour is the donkey?**	Let's talk!	Die Blume ist gelb.	**The flower is yellow.**
			Let's talk!	Die Schildkröte ist grün.	**The tortoise is green.**

"He has four 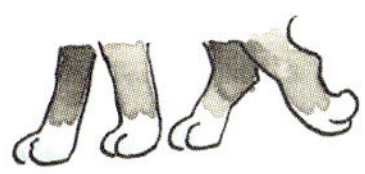 and he fits through the  ," Oliver says. "I wasn't expecting a  !" the funny  says and laughs.

Willi muss ins Krankenhaus

Max wirft den nassen  nach Willi.

Er trifft aber Kathi. Die  läutet.

Die  rennen herum.

Wo bleibt nur Frau Fröhlich? Sie ist sonst immer pünktlich. Goran stürzt herein und schlägt die  zu. „Sie kommt!“, ruft er.

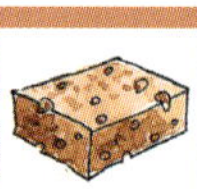	Schwamm	**sponge**	Let's talk!	Entschuldige bitte!	**Excuse me!**
	Schulglocke	**schoolbell**	Let's talk!	Ich bin zu spät.	**I am late.**
	Kinder	**children**	Let's talk!	Ich bin zu früh.	**I am early.**
	Tür	**door**	Let's talk!	Ich bin pünktlich.	**I am on time.**

Willi has to go to hospital

Max throws the wet 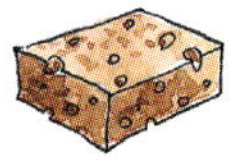 at Willi.

But it hits Kathi. Then the  rings.

The  are running about.

Where is Mrs Jolly? She is usually on time.

Goran bursts into the room and slams the  .

"She is coming!" he shouts.

Willi rennt schnell zu seinem  .

Er stolpert über seine  .

Alle  und  fallen heraus.

Auch das 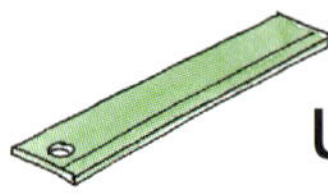 und das  .

Willi fällt. „Aua, mein 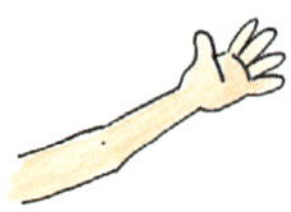 !“, schreit er.

Die lustige  kommt herein.

Sie kümmert sich sofort um Willi

und schaut sich seinen 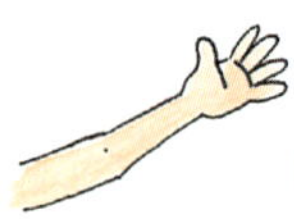 an.

	Schultisch	**desk**	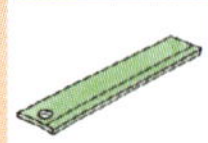	Lineal	**ruler**
	Schultasche	**schoolbag**		Mäppchen	**pencil-case**
	Hefte	**exercise books**	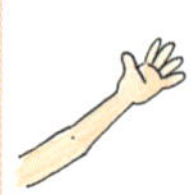	Arm	**arm**
	Bücher	**books**		Lehrerin	**teacher**

Willi runs to his  quickly.

He trips over his  .

All his  and  fall out.

Even the 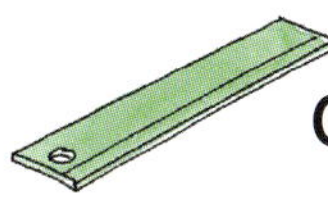 and the  .

Willi falls down. “Ouch, my 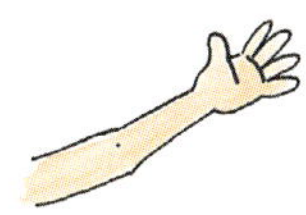 !” he cries.

The funny  comes in. She looks after

Willi at once and examines his 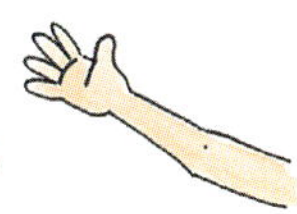 .

„Ich glaube, dein 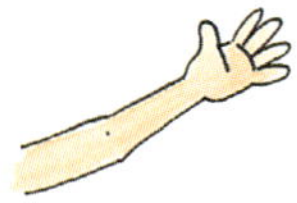 ist gebrochen“, sagt sie.

Willi fängt an zu weinen.

„Jana, lauf schnell zum . Wähl 112,

und ruf einen 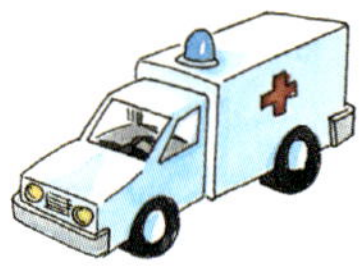“, sagt Frau Fröhlich.

Sie streicht Willi tröstend über den .

Wenig später wird Willi auf einer 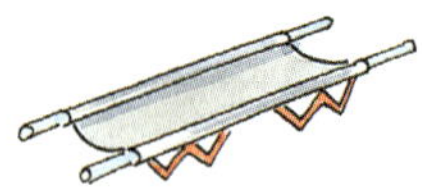

hinausgebracht.

„Wir werden dich besuchen!“, ruft Max.

	Telefon	**telephone**	Let's talk!	Wie geht es dir?	**How are you?**
	Kranken-wagen	**ambulance**	Let's talk!	Mir geht es gut.	**I'm fine.**
	Kopf	**head**	Let's talk!	Tut dein Bauch weh?	**Have you got a stomach-ache?**
	Trage	**stretcher**	Let's talk!	Mein Arm tut weh.	**My arm hurts.**

"I think your 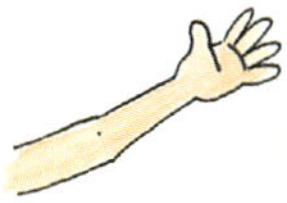 is broken," she says.

Willi starts to cry.

"Jana, run to the  quickly! Dial 112 and call an 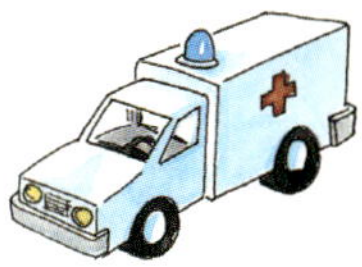 !" Mrs Jolly says.

She strokes Willi's  to comfort him.

Later they take Willi away on a 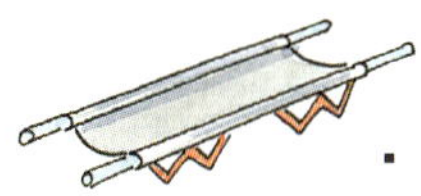 .

"We will visit you!" Max shouts.

Am nächsten Tag bringt jedes  eine 

mit. Die  besuchen Willi

mit einem  im 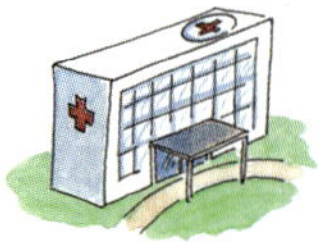 .

Willi liegt im 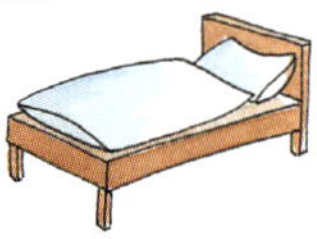 . Sein 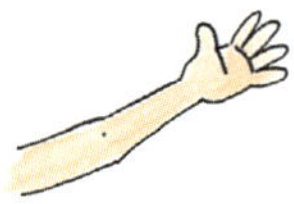 tut

überhaupt nicht mehr weh. Er hat einen 

bekommen. Damit Willi nichts verpasst,

unterrichtet Frau Fröhlich im 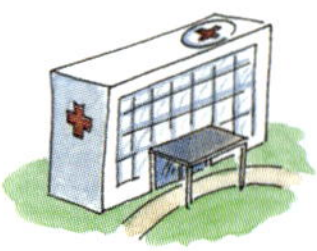 .

	Kind	**child**		Bett	**bed**
	Blume	**flower**		Gipsarm	**arm in plaster**
	Blumenstrauß	**bunch of flowers**	Let's talk!	Willi ist krank.	**Willi is ill.**
	Krankenhaus	**hospital**	Let's talk!	Sein Kopf tut weh.	**He has got a headache.**

The next day every  brings a .

The  visit Willi

with a  at the 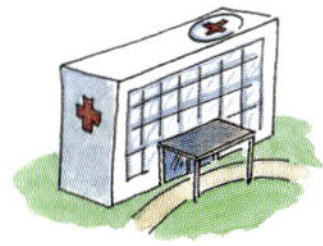.

Willi is lying in 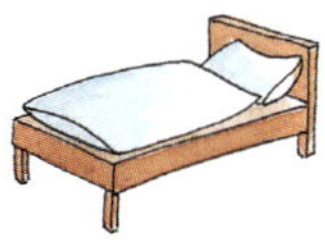. His 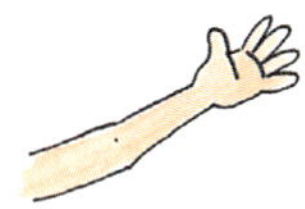 doesn't

hurt anymore. He has got his 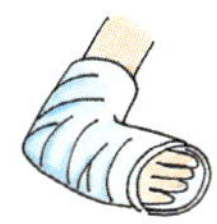.

Mrs Jolly teaches at the 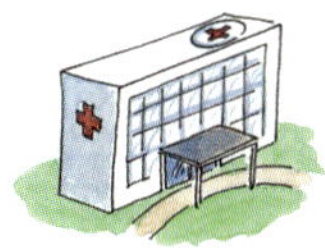

so that Willi doesn't miss out on .

Alle  lachen darüber.

Nur die  und der  sagen,

dass ein 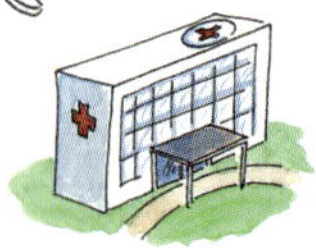 keine  ist.

Aber morgen darf Willi

wieder zur  gehen.

	Kranken- schwester	**nurse**	Let's talk!	Willi geht es jetzt besser.	**Willi feels better now.**
	Arzt	**doctor**	Let's talk!	Willi kann bald nach Hause gehen.	**Willi can go home soon.**
	Krankenhaus	**hospital**			
	Schule	**school**			

All  laugh about it.

But the  and the  say

that the 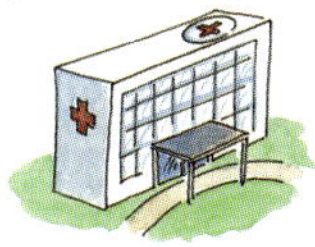 is not a .

But tomorrow, Willi can go back

to  again.

Wichtige Tunwörter / Important verbs

to open	öffnen
The teacher **opens** the door every morning.	Die Lehrerin **öffnet** jeden Morgen die Tür.
I **open** the door every morning.	Ich **öffne** jeden Morgen die Tür.
The teacher **is opening** the door at the moment.	Die Lehrerin **öffnet** gerade die Tür.
I **am opening** the door at the moment.	Ich **öffne** gerade die Tür.

to close	schließen
The teacher **closes** the door every afternoon.	Die Lehrerin **schließt** jeden Nachmittag die Tür.
I **close** the door every afternoon.	Ich **schließe** jeden Nachmittag die Tür.
The teacher **is closing** the door at the moment.	Die Lehrerin **schließt** gerade die Tür.
I **am closing** the door at the moment.	Ich **schließe** gerade die Tür.

to count	zählen
The teacher **counts** to ten every day.	Die Lehrerin **zählt** jeden Tag bis zehn.
I **count** to ten every day.	Ich **zähle** jeden Tag bis zehn.
The teacher **is counting** to ten at the moment.	Die Lehrerin **zählt** gerade bis zehn.
I **am counting** to ten at the moment.	Ich **zähle** gerade bis zehn.

to sing	singen
The teacher **sings** a song every morning.	Die Lehrerin **singt** jeden Morgen ein Lied.
I **sing** a song every morning.	Ich **singe** jeden Morgen ein Lied.
The teacher **is singing** a song at the moment.	Die Lehrerin **singt** gerade ein Lied.
I **am singing** a song at the moment.	Ich **singe** gerade ein Lied.

to play	spielen
The teacher **plays** the guitar every day.	Die Lehrerin **spielt** jeden Tag Gitarre.
I **play** the guitar eyery day.	Ich **spiele** jeden Tag Gitarre.
The teacher **is playing** the guitar at the moment.	Die Lehrerin **spielt** gerade Gitarre.
I **am playing** the guitar at the moment.	Ich **spiele** gerade Gitarre.

to show	zeigen
The teacher **shows** us a picture every morning.	Die Lehrerin **zeigt** uns jeden Morgen ein Bild.
I **show** you a picture every morning.	Ich **zeige** euch jeden Morgen ein Bild.
The teacher **is showing** us a picture at the moment.	Die Lehrerin **zeigt** uns gerade ein Bild.
I **am showing** you a picture at the moment.	Ich **zeige** euch gerade ein Bild.

Mit der **Bildermaus** macht das Englischlernen Spaß!

Die kurzen Bildermaus-Geschichten und ihre einfache Übersetzung bieten Grundschulkindern eine sinnvolle Möglichkeit für die erste Begegnung mit Texten in englischer Sprache.

Kleine Bilder ersetzen in den lustigen Geschichten alle Namenwörter. So ist jede Menge Lesespaß garantiert. Und das Verstehen der englischen Wörter gelingt ganz einfach, denn der englische und der deutsche Text werden direkt gegenübergestellt.

Die englischen Begriffe können mit den Bildern und der deutschen Übersetzung im Vokabelfenster eingeübt werden. Das Vokabelfenster findet man auf jeder deutschen Textseite unten.

Zudem werden die Kinder mit einfachen Sätzen und Gesprächsformen vertraut gemacht. Als Sprechanreiz wurde im Anhang eine Auswahl der wichtigsten Tunwörter zusammengestellt.

Themen aus dem Grundschullehrplan in spannende Geschichten verpackt: Das ist Englischlernen mit der Bildermaus.

Have fun!

Ihr Loewe-Englisch-Team
Christina Reuth, Gertraud Fuchs
– Grundschullehrerinnen –

Werner Färber wurde 1957 in Wassertrüdingen geboren. Er studierte Anglistik und Sport in Freiburg und Hamburg und unterrichtete anschließend an einer Schule in Schottland. Seit 1985 arbeitet er als freier Übersetzer und schreibt Kinderbücher.

Claudia Fries wurde 1967 in Hamburg geboren. Schon mit vier Jahren wollte sie ihr Kinderlexikon am liebsten selbst illustrieren – oder aber Tierärztin werden. Nach einem Grafik-Design-Studium in Hamburg und Trier arbeitet sie heute als selbstständige Illustratorin und lebt im Hunsrück. Ihre Begeisterung für Vierbeiner ist geblieben: Wenn sie nicht gerade selbst Tiere zu Papier bringt, lässt sie sich von ihnen in freier Natur verzaubern.